SOLUCIONES COMENTADAS

EXAMEN 1. LAS PERSONAS: SUS RELACIONES, SU FÍSICO Y SU CARÁCTER

PRUEBA 1. Comprensión de lectura.

Tarea 1:

1-B: […] es que tengo novio.
2-A: Es un compañero de trabajo.
3-C: No conozco a su hermano mayor.
4-C: […] su hermana, Alicia, que está casada.
5-C: Te envío un mensaje.

Tarea 2: 6-E, 7-A, 8-B, 9-J, 10-H, 11-I.

Tarea 3:

12-I: Quieren conocer estudiantes españoles.
13-E: Quiere conocer a un hombre divertido y deportista con conocimientos de inglés.
14-H: Con esta persona puede conversar, ir al cine o visitar museos. […] y dice que es guapo (atractivo).
15-A: Aquí buscan jóvenes de Madrid para club de debate social.
16-F: Es un grupo de diferentes edades.
17-B: Busca una chica joven con el pelo largo y los ojos oscuros para una obra de teatro.

Tarea 4: 18-A, 19-B, 20-C, 21-B, 22-A, 23-B, 24-C, 25-A.

PRUEBA 2. Comprensión auditiva.

Tarea 1: 1-B, 2-C, 3-A, 4-A, 5-C.
Tarea 2: 6-B, 7-E, 8-F, 9-C, 10-D.
Tarea 3: 11-J, 12-G, 13-D, 14-E, 15-F, 16-C, 17-B, 18-K.
Tarea 4: 19-D, 20-G, 21-I, 22-B, 23-A, 24-E, 25-C.

EXAMEN 2. LA ALIMENTACIÓN: EN CASA Y EN EL RESTAURANTE

PRUEBA 1. Comprensión de lectura.

Tarea 1:

1-C: En el correo habla de su vida en Madrid y de sus actividades.
2-C: Te escribo para saludarte […] te escribo en español […] me ayuda a practicar el idioma.
3-B: […] es una ciudad moderna […] la gente es muy simpática.
4-C: […] desayuno […] con galletas.
5-A: Antes de la cena […] voy al cine…

Tarea 2: 6-F, 7-J, 8-I, 9-E, 10-B, 11-H.

Tarea 3:

12-D: En Casa Pedro el menú del día con la bebida cuesta 35 €. Es un menú completo.
13-E: En Siempre Listo hay comida para llevar con servicio a domicilio.
14-H: Solo en Lichi hay comida asiática (oriental) y se puede cenar desde las 20:00.
15-I: Se puede cenar y escuchar el piano en En Vivo.
16-J: En Tu menú hay buffet libre. Se puede comer todo lo que se quiere por 25 €.
17-G: Solo en La Noche Larga se puede cenar y bailar.

Tarea 4: 18-B, 19-A, 20-C, 21-A, 22-B, 23-A, 24-C, 25-A.

PRUEBA 2. Comprensión auditiva.

Tarea 1: 1-B, 2-C, 3-A, 4-B, 5-A.
Tarea 2: 6-D, 7-F, 8-B, 9-A, 10-C.
Tarea 3: 11-B, 12-I, 13-G, 14-C, 15-J, 16-H, 17-A, 18-F.
Tarea 4: 19-E, 20-G, 21-A, 22-H, 23-B, 24-D, 25-F.

EXAMEN 3. LA VIVIENDA Y LOS MUEBLES

PRUEBA 1. Comprensión de lectura.

Tarea 1:

1-C: […] tengo un nuevo apartamento.
2-C: […] es moderno.
3-B: Hay dos mesas […] cuatro sillas […] un sofá, etc.

4-A: [...] en el salón-comedor hay dos mesas, una grande con cuatro sillas y otra pequeña.
5-A: [...] pero no tiene microondas. Tengo que comprar uno.
Tarea 2: 6-D, 7-H, 8-C, 9-J, 10-E, 11-G.
Tarea 3:
12-B: Inmobiliaria Alameda alquila apartamentos exteriores con 1 dormitorio y por 990 €.
13-J: El piso de Móstoles está en Madrid y tiene 3 dormitorios, 2 baños, plaza de garaje y jardines.
14-F: Solo en este anuncio se habla de apartamento de lujo en el centro.
15-E: Solo Ofimat tiene ofertas de oficinas en Madrid.
16-A: La vivienda que se ofrece en este anuncio está fuera de Madrid y tiene plaza de garaje. Además está bien comunicada.
17-D: El piso que se alquila en este anuncio es céntrico, tiene 2 dormitorios y está bien comunicado.
Tarea 4: 18-C, 19-B, 20-A, 21-A, 22-B, 23-B, 24-C, 25-A.

PRUEBA 2. Comprensión auditiva.

Tarea 1: 1-B, 2-A, 3-B, 4-A, 5-C.
Tarea 2: 6-F, 7-E, 8-G, 9-H, 10-C.
Tarea 3: 11-K, 12-J, 13-H, 14-I, 15-G, 16-F, 17-C, 18-A.
Tarea 4: 19-E, 20-D, 21-G, 22-B, 23-F, 24-A, 25-C.

EXAMEN 4. LA EDUCACIÓN Y EL TRABAJO

PRUEBA 1. Comprensión de lectura.

Tarea 1:
1-B: En la carta habla de su nuevo trabajo y de sus estudios en la universidad.
2-C: [...] el próximo martes empiezo a trabajar.
3-B: Voy a trabajar en la biblioteca de mi universidad.
4-C: [...] poner los libros en las estanterías = ordenar la sala de lectura.
5-B: la fecha de la carta es de noviembre.
Tarea 2: 6-I, 7-H, 8-B, 9-G, 10-E, 11-C.
Tarea 3:
12-E: El restaurante de cocina internacional necesita un estudiante de prácticas.
13-B: El instituto de idiomas necesita profesores en horario de mañana o tarde.
14-D: La empresa internacional busca un comercial con experiencia para el Departamento de *Marketing*.
15-H: El grupo hotelero busca una persona con inglés y francés, y ofrece un buen salario.
16-J: Solo este anuncio ofrece un curso de ventas.
17-A: Este anuncio ofrece un trabajo por horas a una persona joven con experiencia.
Tarea 4: 18-A, 19-C, 20-C, 21-B, 22-A, 23-C, 24-B, 25-C.

PRUEBA 2. Comprensión auditiva.

Tarea 1: 1-A, 2-B, 3-A, 4-C, 5-C.
Tarea 2: 6-G, 7-A, 8-I, 9-B, 10-C.
Tarea 3: 11-L, 12-A, 13-I, 14-H, 15-K, 16-E, 17-J, 18-G.
Tarea 4: 19-G, 20-D, 21-F, 22-A, 23-C, 24-B, 25-E.

EXAMEN 5. LA CIUDAD Y LOS TRANSPORTES

PRUEBA 1. Comprensión de lectura.

Tarea 1:
1-C: En la postal se habla de Segovia. [...] la ciudad de mis padres.
2-A: Es bastante pequeña y tranquila.
3-C: [...] lo más importante, un acueducto romano muy famoso.
4-B: Al otro lado de la plaza está la magnífica catedral.
5-C: A los segovianos les gusta venir aquí [...] porque hay terrazas al aire libre.
Tarea 2: 6-I, 7-A, 8-H, 9-G, 10-E, 11-D.
Tarea 3:
12-E: El dinero se cambia en el banco.
13-J: Hay una oficina de alquiler de coches.
14-G: Solo esta opción ofrece moda para hombre.
15-D: En el gimnasio se puede hacer ejercicio físico.

16-F: La agencia de publicidad está a la derecha de la librería.
17-A: Al lado de la agencia de viajes está el restaurante Beijin.
Tarea 4: 18-A, 19-B, 20-C, 21-B, 22-C, 23-A, 24-B, 25-C.

PRUEBA 2. Comprensión auditiva.

Tarea 1: 1-A, 2-C, 3-C, 4-A, 5-A.
Tarea 2: 6-B, 7-C, 8-A, 9-I, 10-H.
Tarea 3: 11-K, 12-B, 13-D, 14-H, 15-G, 16-F, 17-E, 18-I.
Tarea 4: 19-C, 20-B, 21-A, 22-F, 23-E, 24-I, 25-D.

EXAMEN 6. LOS VIAJES, EL CLIMA Y LA ROPA

PRUEBA 1. Comprensión de lectura.

Tarea 1:
1-B: […] vamos a ir a Sevilla.
2-C: […] el próximo mes.
3-C: […] mi novio Pablo y yo.
4-B: Solo tengo una maleta.
5-B: […] voy a la oficina de turismo para pedir un plano de la ciudad.
Tarea 2: 6-H, 7-E, 8-C, 9-A, 10-J, 11-G.
Tarea 3:
12-E: El Parador de Salamanca es un edificio histórico y tiene habitaciones dobles desde 190 €.
13-C: En el hotel Miramar hay sala de baile y está frente al mar.
14-F: El golf Resort ofrece muchas actividades para la familia.
15-D: En San Sebastián se puede disfrutar del mar y de la montaña.
16-H: La casa rural de Segovia es ideal para realizar actividades al aire libre. Es para grupos.
17-G: Córdoba es una ciudad turística y el hotel ofrece desayunos.
Tarea 4: 18-A, 19-B, 20-B, 21-C, 22-B, 23-C, 24-A, 25-C.

PRUEBA 2. Comprensión auditiva.

Tarea 1: 1-B, 2-A, 3-C, 4-C, 5-A.
Tarea 2: 6-G, 7-F, 8-E, 9-I, 10-A.
Tarea 3: 11-J, 12-L, 13-I, 14-H, 15-G, 16-F, 17-E, 18-D.
Tarea 4: 19-F, 20-A, 21-D, 22-E, 23-B, 24-G, 25-C.

EXAMEN 7. EL TIEMPO LIBRE Y LOS DEPORTES

PRUEBA 1. Comprensión de lectura.

Tarea 1:
1-B: En el correo pregunta y propone planes para el fin de semana.
2-B: […] Vetusta Morla actúa en Madrid […] Van a presentar su nuevo disco.
3-B: El concierto es para presentar su último disco.
4-A: […] el Festival Internacional de Fotografía, PhotoEspaña.
5-C: Yo prefiero ver *Dolor y Gloria* (es la nueva película de Pedro Almodóvar y se puede ver en muchos cines).
Tarea 2: 6-H, 7-C, 8-B, 9-G, 10-I, 11-A.
Tarea 3:
12-C: El espectáculo de marionetas es el único de niños con horario de mañana.
13-E: La exposición de pintura moderna está hasta las 20:00.
14-B: *La casa de Bernarda Alba* es una obra clásica y pueden verla a las 21:00.
15-J: La exposición de fotografía se puede ver el sábado por la mañana.
16-G: *La bella y la bestia* es teatro infantil y se puede ver el sábado por la tarde.
17-H: *Parásitos* es una película coreana. Después hay un debate.
Tarea 4: 18-A, 19-B, 20-C, 21-B, 22-A, 23-C, 24-A, 25-C.

PRUEBA 2. Comprensión auditiva.

Tarea 1: 1-C, 2-B, 3-A, 4-A, 5-A.
Tarea 2: 6-A, 7-C, 8-F, 9-G, 10-B.
Tarea 3: 11-A, 12-I, 13-C, 14-H, 15-K, 16-F, 17-D, 18-B.
Tarea 4: 19-E, 20-H, 21-A, 22-D, 23-C, 24-B, 25-G.

TRANSCRIPCIONES

EXAMEN 1

TAREA 1 Pista 1-6

Pista 1

A continuación, va a escuchar cinco conversaciones entre dos personas. Se repiten dos veces. Hay una pregunta para cada conversación. Seleccione la opción correcta a), b) o c).

Ejemplo: **Conversación 0:**
Mujer: Esta es mi hermana Inés: tiene el pelo claro, largo y liso, y los ojos marrones. Es muy guapa y muy simpática.
Hombre: Sí, sí, es muy guapa y muy alegre.
Narrador: ¿Quién es Inés? *La opción correcta es la* **a**).

Pista 2 **Conversación 1:**
Hombre: Este es mi hermano con su mujer y su hijo Hugo. Hugo es muy pequeño y es mi único sobrino.
Mujer: No tiene pelo y tiene los ojos azules. ¡Qué bonito es!
Narrador: ¿Cuál es el hermano del señor?

Pista 3 **Conversación 2:**
Mujer: ¿Cómo es el novio de Noemí?
Hombre: Es bastante joven: tiene 27 años. Tiene el pelo castaño y lleva un poco de barba. Es deportista y parece muy simpático. Ah, ¡y es italiano!
Narrador: ¿Cuál es el novio de Noemí?

Pista 4 **Conversación 3:**
Hombre: ¿Cómo son los hijos de Victoria?
Mujer: Los dos son morenos y delgados, pero la niña es más alta. Son muy alegres y divertidos.
Hombre: ¡Qué simpáticos! El niño tiene cinco años y la niña tiene siete, ¿verdad?
Narrador: ¿Cuáles son los hijos de Victoria?

Pista 5 **Conversación 4:**
Mujer: No conozco al padre de Felipe. ¿Lo conoces tú? ¿Cuántos años tiene y cómo es?
Hombre: Sí. Tiene más o menos 50 años, lleva barba y gafas. Es un hombre muy simpático.
Narrador: ¿Quién es el padre de Felipe?

Pista 6 **Conversación 5:**
Mujer: ¿Qué haces este fin de semana, Manuel?
Hombre: Voy a la fiesta de cumpleaños de mi sobrino Quique. Cumple cuatro años el sábado, así que tenemos una comida con toda la familia.
Narrador: ¿Qué va a hacer el señor el fin de semana?

TAREA 2 Pista 7-12

Pista 7

A continuación, va a escuchar cinco mensajes. Se repiten dos veces. Después, relacione cada imagen, a)-i), con el mensaje correspondiente, 6-10. Hay nueve imágenes, seleccione cinco.

Ejemplo: **Mensaje 0:** Mi hermano está casado, tiene dos hijos, un niño, una niña y un perro. *La opción correcta es la* **i**).
Pista 8 **Mensaje 1:** María y Alfredo se casan esta tarde. Voy a la boda con Pablo y Laura.
Pista 9 **Mensaje 2:** A mi abuela le gusta mucho leer. Lee un libro cada semana. Es una mujer muy activa.
Pista 10 **Mensaje 3:** Tengo el pelo muy largo, pero creo que voy a ir a la peluquería para cortarlo.
Pista 11 **Mensaje 4:** El hombre con el pelo blanco, barba y gafas es mi padre. Es muy simpático.
Pista 12 **Mensaje 5:** Mi jefe es un hombre mayor y muy serio. Tiene el pelo blanco y lleva barba.

TAREA 3 Pista 13

A continuación, va a escuchar a Carlos hablando con una amiga del colegio. La información se repite dos veces. Después, relacione cada número, 11-18, con la letra correspondiente, a)-l). Hay doce letras, seleccione ocho.

Ejemplo:

Carlos: Clara, ¿te acuerdas de mí? Estudiamos juntos en la escuela primaria.
Clara: Carlos, ¡qué alegría! ¿Qué tal estás? *La opción correcta es la* **l**).
Carlos: Pues muy bien. Vivo aquí, muy cerca. ¿Y tú?
Clara: Yo también vivo aquí. Estos son mis hijos, Bruno y María.
Carlos: ¡Vaya! Yo también tengo dos niños de 11 y 14 años. Se llaman Alberto y Arturo. Aquí tengo una foto.
Clara: Son muy guapos.
Carlos: Alberto, el mayor, es bastante alto, moreno y es muy responsable en los estudios.
Clara: Sí, mi hija también es muy buena estudiante.
Carlos: Arturo, el pequeño, es más serio e introvertido.
Clara: ¿Y tu mujer?
Carlos: Bueno, ahora estoy separado.
Clara: Vaya. Lo siento.
Carlos: Tú estás casada, ¿no?
Clara: Sí. Mi marido se llama Javier y es un hombre muy simpático e inteligente.
Carlos: Clara, ¿te acuerdas de nuestra compañera Rosa? Aquella chica rubia con ojos marrones.
Clara: Claro. Sí, sí me acuerdo.
Carlos: Pues Rosa es la novia de Raúl, mi hermano pequeño, y se casan el mes próximo.
Clara: ¡Vaya! ¡Qué casualidad!

TAREA 4 Pista 14

A continuación, va a escuchar a Pablo que es profesor de español. Se presenta y presenta a su familia. La conversación se repite dos veces. Después, complete las frases 19-25 con la letra correspondiente, a)-i). Hay nueve letras, seleccione siete.

Pablo y su familia
Mujer: ¿Cómo eres, Pablo?
Pablo: Yo soy alto y fuerte. Tengo el pelo corto y soy moreno. Tengo los ojos azules y llevo gafas.
Mujer: ¿Y de carácter?
Pablo: Soy una persona amable, simpática y a veces soy un poco pesimista.
Mujer: ¿Qué es lo que más te gusta?
Pablo: Me gusta mucho salir con mis amigos, estudiar idiomas, viajar a otros países y comer chocolate. ¡Me encanta el chocolate!
Mujer: ¿Cómo es tu familia?
Pablo: Mi familia no es muy grande. Tengo dos hermanos, Carlos y Raúl. Carlos tiene 40 años, está casado y tiene una hija. Mi sobrina se llama Alba. Mi hermano Carlos es alto, moreno y muy trabajador. Es responsable y bastante sociable. Mi hermano pequeño, Raúl, tiene 36 años. Es muy alto y delgado. Está divorciado y tiene dos hijos, mis sobrinos Enrique y Héctor. Raúl es serio e inteligente. Le gusta mucho leer y hacer fotos.
Mujer: Y tu madre, ¿es mayor?
Sí, mi madre es mayor y está viuda. Es una mujer muy amable, simpática y sociable. Le gusta mucho leer y chatear con sus amigas. Esta es mi familia.

EXAMEN 2

TAREA 1 Pista 1-6

Pista 1
A continuación, va a escuchar cinco conversaciones entre dos personas. Se repiten dos veces. Hay una pregunta para cada conversación. Seleccione la opción correcta a), b) o c).

Ejemplo: **Conversación 0:**
Hombre: La nevera está vacía. ¡No hay nada! Quiero tomar un vaso de leche y solo hay agua con gas.
Mujer: Vale, vale. Hoy por la tarde vamos a comprar. ¿Me acompañas?
Narrador: ¿Qué quiere beber? *La opción correcta es la* **a**).
Pista 2 **Conversación 1:**
Hombre: Hoy cenamos en el restaurante La Morocha, ¿verdad? Vamos a ir pronto porque mañana trabajamos todos.
Mujer: Sí, pero todavía tenemos tiempo. Creo que abre a las nueve.

Narrador: ¿A qué hora abre el restaurante?

Pista 3 **Conversación 2:**

Hombre: Podemos comer espaguetis con tomate, pollo con patatas o pescado con patatas. ¿Qué prefieres?
Mujer: Pues me encanta la pasta, pero creo que hoy voy a tomar pescado con patatas.
Narrador: ¿Qué come la señora?

Pista 4 **Conversación 3:**

Hombre: Hoy para desayunar hay tostadas, magdalenas o galletas. Yo voy a tomar tostadas con mermelada: ¡me encantan!
Mujer: Yo también, pero ya sabes que los niños quieren leche con galletas, como todas las mañanas.
Narrador: ¿Qué desayunan los niños?

Pista 5 **Conversación 4:**

Hombre: ¿Qué vas a hacer esta mañana?
Mujer: Ahora voy a cocinar porque vienen Marta y Andrés a comer, así que quiero preparar unas empanadas y una tarta casera. Para el postre Mario me ayuda.
Narrador: ¿Qué hace la señora?

Pista 6 **Conversación 5:**

Mujer: ¿Qué prefieres cenar hoy: salmón, ensalada o tortilla?
Hombre: ¡Qué rico todo! La tortilla me gusta mucho, pero prefiero una ensalada porque no tengo mucha hambre. Y tú, ¿qué prefieres?
Narrador: ¿Qué cena hoy el señor?

TAREA 2 Pista 7-12

Pista 7

A continuación, va a escuchar cinco mensajes. Se repiten dos veces. Después, relacione cada imagen, a)-i), con el mensaje correspondiente, 6-10. Hay nueve imágenes, seleccione cinco.

Ejemplo: **Mensaje 0:** Estoy muy cansado. Quiero dormir la siesta antes de la cena, voy a poner la alarma. *La opción correcta es la* **h)**.

Pista 8 **Mensaje 1:** No me gusta pagar en efectivo, siempre pago con tarjeta, es más práctico.

Pista 9 **Mensaje 2:** No tengo tiempo, voy a comer algo rápido y enviar un correo electrónico. Es un tema urgente.

Pista 10 **Mensaje 3:** Me gusta mucho tomar helados en verano. Mi preferido es el helado de vainilla.

Pista 11 **Mensaje 4:** Queremos el menú del día, por favor. De primero, sopa para ella y pasta para mí y de segundo, pollo y salmón.

Pista 12 **Mensaje 5:** Hoy preparo una gran ensalada con lechuga, fresas, nueces y trocitos de queso. Está muy rica y es muy sana.

TAREA 3 Pista 13

A continuación, va a escuchar a Andrea hablando de comidas con su marido, José. La información se repite dos veces. Después, relacione cada número, 11-18, con la letra correspondiente, a)-l). Hay doce letras, seleccione ocho.

Ejemplo:
Andrea: Hoy prefiero comida mexicana. ¿Qué opinas?
José: Buena idea. *La opción correcta es la* **k)**.
Andrea: Podemos preparar tacos.
José: Yo no puedo comer tacos porque llevan chile y yo no puedo comer chile.
Andrea: Entonces, podemos preparar empanadas criollas de Argentina.
José: Sí, es una idea fantástica.
Andrea: Vamos a ver… Creo que no tenemos todos los ingredientes.
José: ¡Qué pena! Las empanadas me encantan.
Andrea: ¿Qué hacemos?
José: Podemos ir al restaurante que está en la plaza. Allí hay comida típica de América Latina y podemos tomar el menú del día. ¿Llamo para reservar?
Andrea: Muy bien. Además, el menú del día es muy variado y económico.
José: Sí, pero no incluye el postre.
Andrea: Es verdad. Bueno, aquí hay ofertas interesantes de restaurantes de comida oriental.
José: No me gusta cenar comida oriental.

Andrea: Entonces voy a preparar una ensalada y tortilla de patata en casa.
José: No tenemos huevos. Solo patatas.
Andrea: Ya sé. Podemos pedir una pizza a domicilio. ¿Estás de acuerdo?
José: Perfecto, es una idea fantástica.

TAREA 4 Pista 14

A continuación, va a escuchar a Petra. Habla con una amiga sobre su alimentación. La conversación se repite dos veces. Después, complete las frases 19-25 con la letra correspondiente, a)-i). Hay nueve letras, seleccione siete.

Petra habla de su alimentación
María: Petra, estás más delgada. ¿Haces alguna dieta especial?
Petra: No, pero ahora como más sano y tomo diferentes alimentos.
María: ¿Qué comes?
Petra: Tomo más yogures y más verduras. También como fruta todos los días: manzanas, naranjas o fresas.
María: Y para desayunar ¿qué tomas?
Petra: Normalmente desayuno un café con leche, tostadas con mermelada y un zumo de naranja natural.
María: ¿Para la comida te gusta tomar un menú del día?
Petra: No. En general, prefiero tomar un solo plato: legumbre, pasta o arroz. Solo tomo carne y pescado tres veces por semana.
María: Y para la cena ¿qué prefieres?
Petra: Para cenar, la ensalada es lo que más me gusta.
María: ¿No comes pan ni dulces?
Petra: Sí, me gustan mucho el pan y los dulces, pero ahora como poco y todos los días bebo un litro de agua.
María: ¡Seguro que haces deporte!
Petra: Sí, claro que hago ejercicio. Camino una hora todos los días y, además, voy al gimnasio dos veces por semana.

EXAMEN 3

TAREA 1 Pista 1-6

A continuación, va a escuchar cinco conversaciones entre dos personas. Se repiten dos veces. Hay una pregunta para cada conversación. Seleccione la opción correcta a), b) o c).

Ejemplo: **Conversación 0:**
Hombre: Tu casa es muy bonita y los muebles son muy modernos. ¡Además, me encanta la decoración!
Mujer: Sí, pero el sofá no me gusta. Tengo que comprar uno nuevo.
Narrador: ¿Qué mueble va a comprar la señora? *La opción correcta es la* **b**).
Pista 2 **Conversación 1:**
Hombre: Necesito un piso con dos dormitorios. Mi casa es pequeña y solo tiene un dormitorio, pero tiene una terraza muy grande.
Mujer: La verdad es que tu casa es muy bonita y luminosa.
Narrador: ¿Cuál es la vivienda del señor?
Pista 3 **Conversación 2:**
Hombre: Tengo un salón y un comedor. En el comedor hay una mesa con cuatro sillas pero no tengo sofá para el salón.
Mujer: Si quieres, podemos ir a comprarlo la semana que viene.
Narrador: ¿Qué hay en el comedor?
Pista 4 **Conversación 3:**
Hombre: ¿Dónde está tu ordenador nuevo?
Mujer: Está en mi dormitorio porque es bastante grande y tiene mucha luz. Allí es donde está mi escritorio y es donde paso mucho tiempo.
Narrador: ¿Dónde está el ordenador?
Pista 5 **Conversación 4:**
Hombre: ¿Salimos esta tarde: vamos al cine o a ver una exposición?
Mujer: No puedo, lo siento. Vienen unos amigos a casa a pasar unos días y tengo que limpiar un poco.
Narrador: ¿Qué va a hacer la señora?

Pista 6 **Conversación 5:**

Hombre: A mí me gusta mucho estar en la cocina porque me encanta cocinar. Es mi lugar de la casa preferido.
Mujer: Pues yo prefiero el baño. Allí me relajo mucho cuando tomo una ducha.
Narrador: ¿Qué lugar de la casa le gusta más a la señora?

TAREA 2 Pista 7-12

Pista 7

A continuación, va a escuchar cinco mensajes. Se repiten dos veces. Después, relacione cada imagen, a)-i), con el mensaje correspondiente, 6-10. Hay nueve imágenes, seleccione cinco.

Ejemplo: **Mensaje 0:** Mis amigos viven en una casa en el campo. Es muy bonita y tiene un gran jardín. *La opción correcta es la* **b)**.

Pista 8 **Mensaje 1:** Buenos días, llamo por el anuncio del piso en venta. ¿Puede decirme cuántos dormitorios tiene y si tiene terraza?

Pista 9 **Mensaje 2:** Mira, aquí dice que es un piso nuevo y céntrico. El precio es excelente. Creo que es una buena oportunidad.

Pista 10 **Mensaje 3:** Tengo mucha sed. Hay diferentes bebidas en la nevera, ¿puedes traerme un zumo de naranja, por favor?

Pista 11 **Mensaje 4:** Este armario blanco es bonito. Me parece muy apropiado para la habitación de los niños. ¿Cuánto cuesta, por favor?

Pista 12 **Mensaje 5:** Aquí está el salón-comedor, ahí la cocina y al final del pasillo están los dos dormitorios y el baño.

TAREA 3 Pista 13

A continuación, va a escuchar a un agente inmobiliario que enseña un piso. La información se repite dos veces. Después, relacione cada número, 11-18, con la letra correspondiente, a)-l). Hay doce letras, seleccione ocho.

Ejemplo:
Agente: Bueno, este es el piso. Está en una zona nueva y la estación del metro está muy cerca.
Mujer: La zona es muy bonita. *La opción correcta es la* **l**).
Agente: El piso es todo exterior. Tiene dos dormitorios, dos baños, un salón comedor, una cocina y una terraza. Está amueblado y tiene, además, calefacción central y plaza de garaje.
Agente: La cocina es exterior y tiene nevera, cocina y lavadora. También tiene muchos armarios.
Agente: El salón-comedor es bastante grande. Es todo exterior y tiene una bonita terraza.
Agente: A la derecha está la mesa grande con cuatro sillas y una lámpara. A la izquierda está el sofá y la mesa pequeña.
Agente: El dormitorio principal tiene una cama grande, un armario y dos grandes ventanas.
Agente: En el dormitorio pequeño hay dos camas, un escritorio y una estantería para los libros.
Agente: Al final del pasillo están los baños. El baño grande tiene ducha y lavabo. El baño pequeño solo tiene el lavabo.
Agente: Es una buena oportunidad. El alquiler es mensual y son 900 €.

TAREA 4 Pista 14

A continuación, va a escuchar a Cristina. Habla con su padre sobre las viviendas para alquilar. La conversación se repite dos veces. Después, complete las frases 19-25 con la letra correspondiente, a)-i). Hay nueve letras, seleccione siete.

Cristina habla con su padre
Hombre: Hola, hija. ¿Cómo estás?
Cristina: Hola, papá. Estoy bien, pero muy cansada.
Hombre: ¿Por qué?
Cristina: Hace días que busco un piso para alquilar con mi amiga Paula. Todos los fines de semana vemos bastantes viviendas, pero ninguna nos gusta.
Hombre: ¿Y no contactáis con agencias inmobiliarias?
Cristina: No porque las agencias tienen muchos pisos, pero son más caros y por eso buscamos viviendas por Internet.
Hombre: ¿Buscáis en el centro?

Cristina: En los barrios céntricos los pisos son bonitos, pero muy caros y no podemos pagar el alquiler. En los barrios que están lejos del centro, los precios son bastante baratos, pero los pisos son demasiado grandes y algunos no están bien comunicados.
Hombre: ¿Y os gusta alguno?
Cristina: Este fin de semana vamos a visitar por segunda vez un piso junto a la estación Tirso de Molina. Es pequeño, pero tiene dos dormitorios, una cocina, un salón y un baño.
Hombre: ¿Está amueblado?
Cristina: Tiene algunos muebles. También tiene ascensor y calefacción central. Creo que es perfecto para nosotras. La propietaria es muy amable y el precio es adecuado.

EXAMEN 4

TAREA 1 Pista 1-6

Pista 1

A continuación, va a escuchar cinco conversaciones entre dos personas. Se repiten dos veces. Hay una pregunta para cada conversación. Seleccione la opción correcta a), b) o c).

Ejemplo: **Conversación 0:**
Alumna: ¿Vamos a tener exámenes la semana que viene?
Profesor: Sí, el examen de Ciencias es el lunes a las 9:30 y el examen de Matemáticas es el martes a las 9:30 también.
Narrador: ¿Qué día tiene el examen de Matemáticas? *La opción correcta es la* **b)**.
Pista 2 **Conversación 1:**
Hombre: Me parece muy interesante su currículum y me interesa conocerla personalmente para saber más sobre su experiencia. ¿Puede venir el viernes a las 15:00 para una entrevista?
Mujer: Por supuesto, muchas gracias.
Narrador: ¿A qué hora es la entrevista?
Pista 3 **Conversación 2:**
Hombre: Ana, ¿podemos hablar esta tarde o mañana? Es importante.
Mujer: Lo siento, pero hoy no puedo. Tengo una reunión de trabajo fuera de la oficina.
Hombre: Siempre estás muy ocupada. De acuerdo, hablamos mañana.
Narrador: ¿Qué hace Ana esta tarde?
Pista 4 **Conversación 3:**
Mujer: ¿Qué prefieres: la Literatura o la Química?
Hombre: A mí me gusta más la Química. Es mi asignatura favorita.
Mujer: Yo prefiero la Literatura. No me gustan nada las Ciencias.
Narrador: ¿Qué asignatura prefiere el señor?
Pista 5 **Conversación 4:**
Mujer: ¿A qué te dedicas?
Hombre: Yo soy arquitecto. Ahora trabajo en un proyecto muy bonito de edificios modernos.Y tú, ¿qué haces?
Mujer: Soy enfermera en un hospital y me encanta mi profesión.
Narrador: ¿Dónde trabaja la señora?
Pista 6 **Conversación 5:**
Mujer: ¿En general, usas más el correo o el teléfono?
Hombre: Depende, en la oficina uso más el correo electrónico, pero en casa uso más el teléfono, lo prefiero porque es más personal.
Mujer: Sí, yo también.
Narrador: ¿Qué medio de comunicación usa el señor en el trabajo?

TAREA 2 Pista 7-12

Pista 7

A continuación, va a escuchar cinco mensajes. Se repiten dos veces. Después, relacione cada imagen, a)-i), con el mensaje correspondiente, 6-10. Hay nueve imágenes, seleccione cinco.

Ejemplo: **Mensaje 0:** Voy a estudiar un poco antes de cenar. Mañana tengo un examen complicado. *La opción correcta es la* **d)**.

Pista 8 **Mensaje 1:** Busco un trabajo nuevo. Voy a leer los anuncios que publican en varias páginas web para mandar mi currículum.

Pista 9 **Mensaje 2:** Acabo de redactar y de imprimir el informe anual para el director. ¿Puede guardarlo, por favor?

Pista 10 **Mensaje 3:** Pase, por favor. Puede quedarse de pie. Ahora tiene que respirar fuerte: inspirar por la nariz y expirar por la boca.

Pista 11 **Mensaje 4:** Buenos días, vamos al centro de la ciudad: concretamente a la calle Huertas, 36, por favor.

Pista 12 **Mensaje 5:** En total son catorce euros con cincuenta. Claro que puede pagar con tarjeta. ¿Quiere copia del recibo?

TAREA 3 Pista 13

A continuación, va a escuchar a Macarena hablando de sus compañeros de trabajo. La información se repite dos veces. Después, relacione cada número, 11-18, con la letra correspondiente, a)-l). Hay doce letras, seleccione ocho.

Ejemplo:
Macarena: El señor que está en esa oficina es Ernesto. Es el director general. *La opción correcta es la* **d**).
Macarena: Esa chica que ordena los informes es Jimena. Ella es administrativa.
Macarena: Manuel trabaja en el Departamento de Informática. Siempre comemos juntos.
Macarena: La señora que está en la recepción se llama Inha y es coreana. Habla muy bien español. Es la recepcionista.
Macarena: El chico que está en la fotocopiadora es Joaquín. Él es el responsable del Departamento de Ventas.
Macarena: Roberto está en una reunión de trabajo. Es el comercial y trabaja en el Departamento de *Marketing*.
Macarena: Ese es Carlos. Siempre tiene mucho trabajo. Es el contable de la empresa.
Macarena: Rosa es nueva en la oficina y es ayudante del contable. Ella también tiene mucho trabajo.
Macarena: Patricia no trabaja en la oficina. Es la abogada de la empresa y trabaja en su despacho.

TAREA 4 Pista 14

A continuación, va a escuchar a Pedro que es profesor en un instituto de idiomas. Cuenta cómo es su trabajo. La conversación se repite dos veces. Después, complete las frases 19-25 con la letra correspondiente, a)-i). Hay nueve letras, seleccione siete.

Pedro habla de su trabajo
Mujer: Hola, Pedro. ¿Qué tal en tu nuevo trabajo?
Pedro: Muy bien. Estoy enseñando español en un instituto de idiomas.
Mujer: ¿Cómo es el centro?
Pedro: Es un centro pequeño. Tiene seis aulas para las clases de inglés y seis aulas para las clases de español y alemán. Somos doce profesores de diferentes países y tenemos muy buena relación.
Mujer: Y los estudiantes, ¿de dónde vienen?
Pedro: Los estudiantes también son de diferentes países. Por ejemplo, esta semana tengo siete alumnos en mi clase: tres son de Europa, dos son de Asia y dos de América. Yo les enseño español y, al mismo tiempo, aprendo de sus culturas. Me gusta trabajar en un ambiente intercultural.
Mujer: ¿Tu horario está bien?
Pedro: Sí, el horario es bastante bueno. Por la mañana, estudio en la universidad y, por la tarde, trabajo cuatro horas allí, de 16:00 a 20:00. Hay cursos todos los días y también los sábados por la mañana.
Mujer: ¿Trabajas los sábados?
Pedro: No, normalmente los sábados por la mañana hay cursos de inglés para niños.
Mujer: ¿Quién dirige el centro?
Pedro: La directora se llama Adriana y es muy agradable.

EXAMEN 5

TAREA 1 Pista 1-6

Pista 1
A continuación, va a escuchar cinco conversaciones entre dos personas. Se repiten dos veces. Hay una pregunta para cada conversación. Seleccione la opción correcta a), b) o c).

Ejemplo: **Conversación 0:**
Hombre: ¿Quedamos mañana todos en el parque a las cinco de la tarde o prefieres ir al cine?
Mujer: Ir al parque me parece perfecto, voy a hablar con Carlos para decírselo.
¿Dónde quedan? *La opción correcta es la* **c**).

Pista 2 **Conversación 1:**
Hombre: Perdona, ¿Hay una farmacia por aquí cerca?
Mujer: Sí, hay una en la calle Montalbos al otro lado de la plaza. Tienes que cruzar la plaza y seguir todo recto.
Narrador: ¿Qué busca el señor?

Pista 3 **Conversación 2:**
Hombre: Para llegar al centro es mejor tomar la línea 10 y luego cambiar a la 3. Es lo más rápido. También puedes ir en autobús, pero tarda mucho.
Mujer: Muy bien, gracias. Además hay una estación cerca.
Narrador: ¿Cómo van al centro?

Pista 4 **Conversación 3:**
Hombre: ¿Voy a la plaza de España, la conoces?
Mujer: Sí, está cerca de la Gran Vía. Es la que tiene una estatua de don Quijote y Sancho Panza.
Narrador: ¿Cuál es la plaza de España?

Pista 5 **Conversación 4:**
Hombre: Mi barrio es pequeño: tiene edificios muy antiguos, calles estrechas y pequeñas tiendas.
Mujer: Pues mi barrio es muy diferente, es moderno y tiene edificios altos con oficinas y restaurantes.
Narrador: ¿Cuál es el barrio de la señora?

Pista 6 **Conversación 5:**
Hombre: Por favor, ¿dónde está la oficina de Correos? Creo que está cerca.
Mujer: Sí. Sigue todo recto por esta calle y gira en la primera a la derecha. Después, caminas 5 minutos y llegas.
Narrador: ¿Dónde está Correos?

TAREA 2 Pista 7-12

Pista 7
A continuación, va a escuchar cinco mensajes. Se repiten dos veces. Después, relacione cada imagen, a)-i), con el mensaje correspondiente, 6-10. Hay nueve imágenes, seleccione cinco.

Ejemplo: **Mensaje 0:** Buenos días. Quiero dos billetes de tren para Córdoba: el que sale a las 16:30, por favor. *La opción correcta es la* **g**).
Pista 8 **Mensaje 1:** Buenas tardes, hay una clínica dental en este edificio, ¿verdad? Tengo cita a las 18:00.
Pista 9 **Mensaje 2:** Y ahora, a la derecha, podemos ver la famosa catedral de la ciudad de Santiago.
Pista 10 **Mensaje 3:** Buenos días. Al hotel Gran Sol, por favor. Vamos por el centro porque es más rápido.
Pista 11 **Mensaje 4:** Como hace bueno, todas las tardes voy al parque con los niños. Les encanta jugar con otros niños.
Pista 12 **Mensaje 5:** Primero, llegas a la plaza y después sigues recto hasta la avenida. Cruzas la avenida y está enfrente.

TAREA 3 Pista 13

A continuación, va a escuchar a una guía describiendo el centro histórico de una ciudad a unos turistas. La información se repite dos veces. Después, relacione cada número, 11-18, con la letra correspondiente, a)-l). Hay doce letras, seleccione ocho.

Ejemplo:
Guía: Hoy visitamos Salamanca, una ciudad española que es Patrimonio de la Humanidad desde 1988. *La opción correcta es la* **l**).
Guía: Nuestro paseo comienza en la plaza Mayor, una de las plazas más famosas de España. En esta plaza hay mucha vida cultural y es el centro vital de la ciudad.
Guía: Al lado de la plaza Mayor está la plaza del Corrillo donde está la Iglesia de San Martín, a la izquierda.
Guía: Seguimos todo recto y llegamos a la calle Rúa Mayor. En esta calle hay muchos restaurantes y tiendas de regalos.

Guía: Ahora estamos en la calle Rúa Antigua, aquí podemos visitar la Casa de las Conchas que actualmente es una biblioteca pública. En el interior hay un patio con columnas.
Guía: Salamanca también tiene una magnífica universidad que es la más antigua de España y dos catedrales: la Nueva y la Vieja.
Guía: La catedral Nueva es impresionante por su tamaño y su armonía. Delante de la catedral Nueva está la plaza de Anaya, que tiene muchos árboles y bancos para descansar.
Guía: Salamanca es una ciudad con muchas plazas, palacios y edificios históricos. Además, en esta ciudad viven muchos estudiantes durante el invierno.
Guía: Esta ciudad recibe la visita de miles de turistas todos los años.

TAREA 4 Pista 14

A continuación, va a escuchar a Rosa. Explica a un nuevo empleado dónde están los diferentes lugares de la oficina. La conversación se repite dos veces. Después, complete las frases 19-25 con la letra correspondiente, a)-i). Hay nueve letras, seleccione siete.

Bienvenido
Empleado: Buenos días. Soy el señor Pérez, el nuevo empleado.
Recepcionista: ¡Ah! Sí, sí, señor Pérez. Por aquí, por favor.
Empleado: Esto es muy grande y no sé dónde tengo que ir.
Recepcionista: No hay problema. Le voy a explicar dónde están los diferentes lugares en esta oficina porque es verdad que es muy grande. Ahora estamos en la planta baja, en la recepción. Aquí están los ascensores, las escaleras y al final del pasillo está la cafetería.
Empleado: ¿Están aquí las oficinas?
Recepcionista: No. En esta planta no hay oficinas. Las oficinas están en la primera y segunda planta. Bien, aquí, en la primera planta hay cuatro oficinas: la oficina 1 está al final del pasillo, a la derecha. La oficina 2 está a la derecha también. Al otro lado del pasillo están las oficinas 3 y 4. Junto a la oficina 4 está la fotocopiadora.
Empleado: ¿Ahora subimos a la segunda planta?
Recepcionista: Sí, claro. En la segunda planta hay otras cuatro oficinas. Arriba, en la tercera planta está el despacho del director general y enfrente está el despacho de su secretaria y la sala de reuniones.

EXAMEN 6

TAREA 1 Pista 1-6

Pista 1
A continuación, va a escuchar cinco conversaciones entre dos personas. Se repiten dos veces. Hay una pregunta para cada conversación. Seleccione la opción correcta a), b) o c).

Ejemplo: **Conversación 0:**
Hombre: Creo que ya tengo todo para el viaje: la maleta está hecha. ¿Tú también tienes todo preparado?
Mujer: Sí, pero no tengo sandalias para la playa. ¿Vamos esta tarde a comprarlas?
Narrador: ¿Qué necesita comprar la señora? *La opción correcta es la* **c**).
Pista 2 **Conversación 1:**
Hombre: ¿Te vas ya al aeropuerto? ¿A qué hora sale tu avión?
Mujer: A las 15:20, pero quiero a ir temprano al aeropuerto porque no me gusta llegar en el último momento.
Narrador: ¿A qué hora sale el avión?
Pista 3 **Conversación 2:**
Hombre: Me gusta mucho ir a la playa de vacaciones con mi familia.
Mujer: A mí también me gusta la playa, pero este año voy a ir a la montaña con unos amigos.
Narrador: ¿A dónde va la señora de vacaciones?
Pista 4 **Conversación 3:**
Hombre: Vamos a la estación. El autobús sale a las cinco de la tarde. ¿Tienes los billetes?
Mujer: Sí, aquí están. Dos billetes para Barcelona. Llegamos allí a las once y media de la noche.
Narrador: ¿Cómo van a Barcelona?
Pista 5 **Conversación 4:**
Hombre: No tengo camisas blancas y necesito una para salir esta noche.

Mujer: Podemos comprarla esta tarde en el centro comercial, hay una tienda de ropa para hombres muy bonita, se llama Contigo.
Narrador: ¿Qué necesita el señor?
Pista 6 **Conversación 5:**
Hombre: ¿Qué tiempo hace?
Mujer: Ahora hace sol, pero en la televisión dicen que va a llover durante todo el fin de semana. No vamos a poder ir al campo. ¡Qué mala suerte!
Narrador: ¿Qué tiempo va a hacer el fin de semana?

TAREA 2 Pista 7-12

Pista 7
A continuación, va a escuchar cinco mensajes. Se repiten dos veces. Después, relacione cada imagen, a)-i), con el mensaje correspondiente, 6-10. Hay nueve imágenes, seleccione cinco.

Ejemplo: **Mensaje 0:** Por favor, necesito información sobre el próximo vuelo a Buenos Aires. Estoy en el aeropuerto y quiero salir esta tarde. *La opción correcta es la* **c**).
Pista 8 **Mensaje 1:** Me gusta mucho este vestido. Creo que es mi talla. ¿Cuánto cuesta, por favor?
Pista 9 **Mensaje 2:** Adiós. ¡Buen viaje! Llámame al llegar. ¡Y hasta pronto: nos vemos en diciembre!
Pista 10 **Mensaje 3:** ¡Qué frío hace! Parece que va a nevar. No voy a salir: me quedo tranquila en casa.
Pista 11 **Mensaje 4:** Sí, por favor, quiero reservar una habitación doble con desayuno para la noche del sábado 28.
Pista 12 **Mensaje 5:** ¡Mira, es increíble! Llueve mucho. ¿Tienes paraguas? Yo no tengo así que no salgo, prefiero esperar.

TAREA 3 Pista 13

A continuación, va a escuchar a Sofía y Lucas hablando sobre ropa y zapatos. La información se repite dos veces. Después, relacione cada número, 11-18, con la letra correspondiente, a)-l). Hay doce letras, seleccione ocho.

Ejemplo:
Sofía: Mira, Lucas. Esta tienda de ropa es nueva. Es muy grande y moderna. *La opción correcta es la* **k**).
Lucas: Y, además, tiene ropa para chico y para chica.
Sofía: Sí, es verdad. Mira ese vestido azul. ¡Qué barato!
Lucas: Es que muchas cosas están en promoción durante esta semana.
Sofía: Pues yo necesito comprar unos vaqueros y una camiseta. Quiero comprar algo para el verano.
Lucas: Yo también quiero comprar unos pantalones y una camisa roja para la fiesta de María. Es el sábado y no tengo nada nuevo.
Sofía: Pues yo me voy a poner un vestido verde y unos zapatos negros. ¿Qué te parece?
Lucas: Me parece muy bien. Yo también necesito unos zapatos negros.
Sofía: Pero creo que en esta tienda no hay zapatos. Solo venden ropa.
Lucas: Es verdad. Bueno, aquí están las cosas que yo voy a comprar. Podemos pagar en esa caja.
Sofía: ¿Vas a pagar con tarjeta o en metálico?
Lucas: Prefiero pagar con tarjeta porque no tengo suficiente dinero.
Sofía: Pues yo voy a pagar en metálico.

TAREA 4 Pista 14

A continuación, va a escuchar a Alejandro. Habla con su madre sobre el clima de su nueva ciudad. La conversación se repite dos veces. Después, complete las frases 19-25 con la letra correspondiente, a)-i). Hay nueve letras, seleccione siete.

Alejandro habla con su madre
Madre: Hola, Alejandro. ¿Cómo estás? ¿Qué tal en la nueva ciudad?
Alejandro: Hola, mamá. Estoy bien y muy contento. Esta ciudad es maravillosa, las personas son amables, pero el clima cambia mucho.
Madre: Ahora, en verano, seguro que es muy agradable y que vas a la playa.
Alejandro: Sí, sí, me levanto temprano y voy a la playa a correr un poco porque por la mañana hace sol, pero no hace mucho calor. El viento fresco del mar es perfecto para hacer deporte.

Madre: ¿Y no hace mucho calor?
Alejandro: Luego, a mediodía, sí. La temperatura sube y hace bastante calor. Por eso es frecuente ir a la playa a esa hora para disfrutar del sol, pero hay que usar gafas de sol y sombrero todos los días.
Madre: ¿Y en primavera y otoño?
Alejandro: Es diferente. No hace frío, pero hay que llevar una chaqueta porque baja la temperatura y hace bastante viento. Algunas veces llueve por las tardes, especialmente en octubre.
Madre: ¿Cómo son los inviernos?
Alejandro: En invierno hace mucho frío y nieva, así que creo que necesito comprar algo de ropa para el invierno: una bufanda y unos guantes.

EXAMEN 7

TAREA 1 Pista 1-6

Pista 1
A continuación, va a escuchar cinco conversaciones entre dos personas. Se repiten dos veces. Hay una pregunta para cada conversación. Seleccione la opción correcta a), b) o c).

Ejemplo: **Conversación 0:**
Hombre: ¿Quieres ir al cine esta noche o prefieres ver una obra de teatro?
Mujer: Me parece perfecto el cine. Creo que hay una sesión a las ocho. No quiero quedarme en casa.
Narrador: ¿Qué hacen esta noche? *La opción correcta es la* **a)**.
Pista 2 **Conversación 1:**
Hombre: ¿Tienes las entradas para el concierto de Alejando Sanz?
Mujer: Sí, aquí están. El sábado 17 de febrero a las diez. ¿Quedamos a las nueve en el bar enfrente del teatro?
Narrador: ¿A qué hora es el concierto de Alejandro Sanz?
Pista 3 **Conversación 2:**
Mujer: ¿Qué hay hoy en la televisión? Podemos ver una nueva serie: hay muchas buenas.
Hombre: A ver… Hoy es miércoles, hay fútbol: juega el Real Madrid. Quiero ver el partido.
Narrador: ¿Qué ven hoy en la televisión?
Pista 4 **Conversación 3:**
Hombre: ¿Vas a la librería esta tarde?
Mujer: Pues sí. Quiero comprar un libro de aventuras para leer en mi tiempo libre. Ya sabes que me encanta leer. Si necesitas un libro, me lo dices.
Narrador: ¿Qué quiere comprar la señora?
Pista 5 **Conversación 4:**
Hombre: Podemos ir el sábado al teatro con los niños: hay un espectáculo muy bonito y divertido.
Mujer: Yo prefiero ir al zoológico porque a los niños les gustan mucho los animales.
Narrador: ¿Dónde van el sábado?
Pista 6 **Conversación 5:**
Mujer: ¿Quieres ir al museo esta tarde? Hay una nueva exposición de pintura y me gusta mucho el artista.
Hombre: Lo siento, pero no puedo. Esta tarde tengo mi clase de tenis.
Narrador: ¿Qué hace el señor por la tarde?

TAREA 2 Pista 7-12

Pista 7
A continuación, va a escuchar cinco mensajes. Se repiten dos veces. Después, relacione cada imagen, a)-i), con el mensaje correspondiente, 6-10. Hay nueve imágenes, seleccione cinco.

Ejemplo: **Mensaje 0:** Pues este fin de semana queremos ir a esquiar a Formigal con un grupo de amigos. ¿Quieres venir? *La opción correcta es la* **h)**.
Pista 8 **Mensaje 1:** Ahora estoy leyendo el último libro de Carlos Ruiz Zafón. Me parece muy interesante.
Pista 9 **Mensaje 2:** ¡Un partido fantástico! Estamos ganando 55 a 49. Nuestro equipo es el mejor. ¡Qué bien!
Pista 10 **Mensaje 3:** Este grupo es impresionante. La música es excelente y la cantante canta muy bien: tiene una voz muy bonita.
Pista 11 **Mensaje 4:** Mira, mira… ¡qué bonito! Hay muchos animales. ¿Cuál te gusta más, Roberto?
Pista 12 **Mensaje 5:** Creo que es un cuadro fantástico, ¿no? Los colores son extraordinarios y la luz es muy bonita.

TAREA 3 Pista 13

A continuación, va a escuchar a un monitor de gimnasia que habla sobre las diferentes actividades de su gimnasio. La información se repite dos veces. Después, relacione cada número, 11-18, con la letra correspondiente, a)-l). Hay doce letras, seleccione ocho.

Ejemplo:
Monitor: Nuestro gimnasio tiene actividades diferentes para cada día de la semana, excepto el domingo. *La opción correcta es la* **l**).
Monitor: Tenemos clases para todos los niveles. Individuales o en grupos.
Monitor: Bailar es muy divertido y muy bueno para la salud, especialmente para las personas mayores.
Monitor: Las clases de baile clásico son solo por la tarde. Todos los martes.
Monitor: El horario de las clases de salsa es por las mañanas, de 12:00 a 14:00, y por las tardes, de 16:00 a 18:00 y de 18:00 a 20:00.
Monitor: Los lunes y miércoles tenemos clases de aeróbic. Por la mañana de 8:00 a 9:30, por la tarde de 14:30 a 16:00 y por la noche de 20:00 a 21:30.
Monitor: Las clases de pilates son los miércoles y los viernes. De 8:30 a 9:30 y de 20:00 a 21:00.
Monitor: Tenemos también clases para aprender a nadar. Nadar es un ejercicio muy completo y ayuda contra el estrés. Todos los sábados hay cursos durante toda la mañana.
Monitor: Los domingos por la mañana organizamos partidos de fútbol entre todos nuestros alumnos.

TAREA 4 Pista 14

A continuación, va a escuchar a Laura. Habla con su madre sobre sus actividades del fin de semana. La conversación se repite dos veces. Después, complete las frases 19-25 con la letra correspondiente, a)-i). Hay nueve letras, seleccione siete.

Laura y su madre
Madre: ¡Laura, hija! ¿Qué tal tu nueva vida?
Laura: Estoy muy bien y aquí siempre hay muchas actividades que hacer.
Madre: ¿Ya tienes amigos?
Laura: Sí, tengo muchos amigos: compañeros de clase y estudiantes de otras universidades.
Madre: ¿Qué haces los fines de semana?
Laura: Los sábados por la mañana voy al gimnasio con Susana, mi compañera de clase. A veces tenemos clases de aeróbic o pilates. Otras veces jugamos al tenis y luego vamos a ver a los chicos jugar al fútbol. Después de comer, los sábados, vamos al cine o a alguna exposición de pintura o de fotografía. Generalmente, los sábados cenamos fuera de casa y después vamos a bailar.
Madre: Sí que haces muchas cosas. ¿Y los domingos?
Laura: Ahora, en primavera, los domingos por la mañana vamos a correr a un parque que hay muy cerca de la universidad y por la tarde siempre hacemos algo tranquilo. Muchas veces tomamos un café en alguna cafetería del centro o nos sentamos en alguna terraza. El domingo que viene tenemos que estudiar porque ya empiezan los exámenes.

Características y consejos

TAREA 1 Pista 1-3

Pista 1
A continuación, va a escuchar cinco conversaciones entre dos personas. Se repiten dos veces. Hay una pregunta para cada conversación. Seleccione la opción correcta a), b) o c). Aquí te damos solo tres ejemplos.

Ejemplo: **Conversación 0:**
Hombre: ¿Dónde pongo el libro que está en la mesa?
Mujer: A ver, ¿el libro de Almudena Grandes?... Puedes ponerlo en la estantería, a la derecha, hay espacio.
Narrador: ¿Dónde pone el libro? *La opción correcta es la* **a**).
Pista 2 **Conversación 1:**
Mujer: Javier, ¿qué haces? ¿Estás leyendo?

Hombre: No, estoy chateando con un amigo por Messenger. Es un amigo de la universidad que ahora está en Francia.
Narrador: ¿Qué hace el señor?
Pista 3 **Conversación 2:**
Hombre: ¿Qué haces esta tarde? ¿Vas a comprar hoy?
Mujer: Sí, voy a la tienda Bodyperfect que está en el centro comercial. Necesito un jabón para las manos. Me gustan los productos que tienen.
Narrador: ¿Qué compra la señora?

TAREA 2 Pista 4-6

Pista 4
A continuación, va a escuchar cinco mensajes. Se repiten dos veces. Después, relacione cada imagen, a)-i), con el mensaje correspondiente, 6-10. Hay nueve imágenes, seleccione cinco. Aquí te damos solo tres mensajes y cuatro fotos como ejemplo.

Mensaje 1: Es muy tarde, son las doce y los niños están durmiendo. ¡Silencio, por favor!
Pista 5 **Mensaje 2:** Sí, sí, quiero información sobre las ofertas de Internet más teléfono con llamadas ilimitadas, por favor.
Pista 6 **Mensaje 3:** No hay nada en casa. Necesitamos comprar, para hacer una ensalada, tomates, lechuga y cebolla.

TAREA 3 Pista 7

A continuación, va a escuchar a Cristina, que trabaja en una librería, y le explica a un cliente las diferentes secciones. La conversación se repite dos veces. Después, relacione cada número, 11-18, con la letra correspondiente, a)-l). Hay doce letras, seleccione ocho. Aquí te damos solo cinco principios y seis continuaciones.

Cristina: Mire, esta librería es muy grande y siempre tenemos los libros más actuales.
Cristina: Además, en esta librería hay muchas secciones: Literatura, Ciencias, Medicina, Derecho, Economía, Deportes y Naturaleza, Guías de viajes, etc., yo trabajo en la sección de Literatura e Idiomas.
Cristina: Esta librería tiene cinco plantas y en la primera están las cajas y todo lo relacionado con las nuevas tecnologías y la informática.
Cristina: Mi sección preferida es la de Literatura infantil. Está en la planta 2.ª y allí puede encontrar libros para niños de 1 a 10 años.
Cristina: En la planta 3.ª están todos los libros relacionados con las ciencias y la naturaleza. En esta planta también hay una zona donde puede leer mientras escucha música.

TAREA 4 Pista 8

A continuación, va a escuchar a Roberto. Estudia en Salamanca y cuenta a su amiga María cómo son sus compañeros de clase. La información se repite dos veces. Después, complete las frases, 19-25, con la letra correspondiente, a)-i). Hay nueve letras, seleccione siete.

Roberto y María
María: hola, Roberto, ¿qué tal las clases?
Roberto: Muy bien. Las clases son realmente interesantes, pero lo mejor de todo son los compañeros.
María: ¿De dónde son los estudiantes?
Roberto: Son de diferentes países: Francia, Grecia, Italia… Todos hablan muy bien español y son muy simpáticos. También hay estudiantes latinoamericanos. Hay un alumno mexicano y dos argentinos: Carlos y Julieta.
María: ¿Cuéntame cómo son?
Roberto: Pancho, el mexicano, es muy simpático y Carlos y Julieta son los más inteligentes. Dennis es de Alemania. Es muy guapo y siempre está estudiando. Le gusta mucho la Química. La más antipática es Géraldine, es francesa. Ella nunca habla con los compañeros y prefiere estar sola. ¡Eso sí, su mejor amiga Émilie, también es francesa y es fantástica! Huang es un estudiante de China. Nosotros le llamamos Esteban. Es delgado y muy serio, habla poco, pero es bastante simpático. Es un poco tímido. Todos somos distintos, pero tenemos algo en común: somos buenos estudiantes.